En el trabajo

Paseadores de perros

Datos

Joseph Otterman

Asesora

Colene Van Brunt
Educadora de matemáticas
Escuelas Públicas del Condado de Hillsborough

Créditos de publicación
Rachelle Cracchiolo, M.S.Ed., *Editora comercial*
Conni Medina, M.A.Ed., *Redactora jefa*
Dona Herweck Rice, *Realizadora de la serie*
Emily R. Smith, M.A.Ed., *Realizadora de la serie*
Diana Kenney, M.A.Ed., NBCT, *Directora de contenido*
June Kikuchi, *Directora de contenido*
Caroline Gasca, M.S.Ed., *Editora superior*
Susan Daddis, M.A.Ed., *Editora*
Karen Malaska, M.Ed., *Editora*
Sam Morales, M.A., *Editor asociado*
Kevin Panter, *Diseñador gráfico superior*
Jill Malcolm, *Diseñadora gráfica básica*

Créditos de imágenes: todas las imágenes provienen de iStock y/o Shutterstock.

Library of Congress Cataloging-in-Publication Data

Title: Paseadores de perros : datos / Joseph Otterman.
Other titles: Dog walkers. Spanish
Description: Huntington Beach, CA : Teacher Created Materials, 2019. | Series: En el trabajo | Includes index. | Audience: K to grade 3. | Identifiers: LCCN 2018055926 (print) | LCCN 2019007830 (ebook) | ISBN 9781425823115 (eBook) | ISBN 9781425828493 | ISBN 9781425828493¬q(pbk.)
Subjects: LCSH: Dog walking--Juvenile literature. | Dogs--Juvenile literature.
Classification: LCC SF427.46 (ebook) | LCC SF427.46 .O8818 2019 (print) | DDC 636.7--dc23
LC record available at https://lccn.loc.gov/2018055926

Teacher Created Materials
5301 Oceanus Drive
Huntington Beach, CA 92649-1030
www.tcmpub.com

ISBN 978-1-4258-2849-3

Printed in China
51497

Contenido

¡Cuántas correas!

Primero hay una **correa**.
Luego, hay dos correas.

¡Después, hay tres, cuatro, cinco y seis!

Hay muchos perros para pasear. Cada perro tiene una correa. Pero solo hay una **paseadora de perros**.

¡HAGAMOS MATEMÁTICAS!

Jimena pasea muchos perros en un día. Sus correas tienen diferentes colores. Usa el gráfico de imágenes para resolver los problemas.

Color de las correas	
rojo	
azul	
verde	

 representa una correa

1. ¿Qué color de correa es el más popular?

2. ¿Qué color de correa es el menos popular?

3. ¿Cuántos perros pasea Jimena en un día? ¿Cómo lo sabes?

Listos para salir

La paseadora de perros abre cada puerta. En cada casa hay un perro para pasear.

Welcome

Los perros están felices de ver a la paseadora de perros. **Menean** la cola.

Ahora es hora de salir a pasear.

Pasear los perros

Los perros pasean en **jauría** por delante.

La paseadora de perros camina por detrás.

Bruno ve un gato.
¡Empieza a **gruñir**!

Coco ve un pájaro.
¡Intenta correr!

¡La paseadora de perros los sostiene **firmemente**!

Por fin llegan al parque para perros. ¡Ahora pueden correr sin correa!

La paseadora lanza pelotas. ¡Los perros las **recogen**!

¡HAGAMOS MATEMÁTICAS!

James les preguntó a los dueños de perros en su vecindario qué les gustaba recoger a sus perros. Usa la tabla para resolver los problemas.

¿Qué le gusta recoger a su perro?	
Objeto	**Cantidad de dueños**
pelota	10
palo	6
disco volador	4

1. ¿A cuántos perros más les gusta recoger pelotas que palos?

2. ¿A cuántos perros menos les gusta recoger discos voladores que pelotas?

Hogar dulce hogar

A los perros les encanta pasear y jugar. Pero están listos para ir a casa. Están cansados.

¡La paseadora de perros ha hecho un buen trabajo!

Resolución de problemas

A veces, los paseadores de perros también son entrenadores. ¡Pueden enseñarles trucos a los perros! Jimena preguntó a otros paseadores cuál es su truco favorito para enseñar. Completa las oraciones usando los datos de la tabla.

1. La mayoría de los paseadores eligieron el truco de ______ como su favorito.
2. El truco que menos eligieron fue ______.
3. La mayoría de los paseadores eligieron el truco de ______ en lugar de ______.

¿Cuál es su truco favorito para enseñarles a los perros?	
Truco	**Cantidad de paseadores**
sentarse	5
quedarse quieto	3
rodar	7

Glosario

correa: una tira de tela fuerte que se amarra al collar de un animal para que una persona la sostenga y mantenga al animal cerca

firmemente: con fuerza

gruñir: hacer un sonido profundo para indicar a otros que se alejen

jauría: un grupo de perros

menean: mueven de lado a lado

paseadora de perros: una persona que saca los perros a pasear

recogen: van detrás de algo y lo traen de regreso

Índice

Soluciones

¡Hagamos matemáticas!

página 7:

1. azul
2. rojo
3. 20; las respuestas variarán, pero pueden incluir contando todas las correas.

página 17:

1. 4 perros
2. 6 perros

Resolución de problemas

1. rodar
2. quedarse quieto
3. Las respuestas variarán pero pueden incluir: *rodar* y *quedarse*, *rodar* y *sentarse* o *sentarse* y *quedarse*.